Hinduistische Götter und Göttinnen

Eine Einführung in Hindu-Gottheiten

Viviktha Venkatanarasimharajuvaripeta
Illustriert von Sanskriti Shukla

Agni

Agni ist in der hinduistischen Mythologie der Gott des Feuers und eine der wichtigsten Gottheiten. Er wird mit einer feurigen Erscheinung dargestellt, die oft von zwei Köpfen und mehreren Armen begleitet wird.

Agni wird die Macht zugeschrieben, zu verwandeln und zu reinigen, und er steht im Mittelpunkt von Ritualen und Opfergaben. Er wird auch als Vermittler zwischen den Menschen und den Göttern gesehen, der Gebete und Opfer in den Himmel trägt.

Agnis zerstörerische Fähigkeiten werden ebenfalls anerkannt, da das Feuer großen Schaden anrichten kann.

Insgesamt wird Agni als ein Symbol für Energie, Vitalität und Transformation verehrt.

Brahma

Brahma ist eine bedeutende Gottheit im Hinduismus, die oft als der Schöpfer des Universums bezeichnet wird.

Zusammen mit Vishnu und Shiva ist er einer der Trimurti, die die Aspekte der Schöpfung, der Erhaltung bzw. der Zerstörung repräsentieren.

Brahma wird mit vier Köpfen dargestellt, die sein großes Wissen und seine Weisheit symbolisieren, sowie mit vier Armen, die die vier Veden darstellen.

Trotz seines Status als Hauptgottheit ist die Verehrung von Brahma im modernen Hinduismus weniger verbreitet als die von Vishnu und Shiva.

Durga

Durga ist eine mächtige Göttin, die für ihre Stärke, ihren Mut und ihre wilde Natur bekannt ist. Sie wird als kriegerische Göttin dargestellt, die oft auf einem Löwen reitet und mit ihren vielen Armen Waffen schwingt.

Es wird angenommen, dass Durga von den Göttern erschaffen wurde, um den Büffeldämon Mahishasura zu besiegen und so den Triumph des Guten über das Böse zu symbolisieren.

Sie verkörpert weibliche Energie und wird als göttliche Mutter verehrt, die ihren Anhängern Schutz und Führung bietet.

Durga wird während des Navaratri-Festes gefeiert, bei dem ihre verschiedenen Formen und Eigenschaften geehrt werden. Sie verkörpert die unerschütterliche Entschlossenheit, sich Herausforderungen zu stellen und Hindernisse zu überwinden, und steht für Ermächtigung und Transformation.

Ganesha

Ganesha ist eine weithin verehrte Gottheit, die als Beseitiger von Hindernissen und als Gott des Anfangs bekannt ist. Er wird als Figur mit dem Kopf eines Elefanten und einem runden, bauchigen Körper dargestellt.

Ganesha wird oft mit mehreren Armen dargestellt, die verschiedene symbolische Objekte wie eine Lotusblume, eine Axt oder ein Modak (eine Süßigkeit) halten. Er wird auch auf einer Maus, seinem göttlichen Gefährt, reitend dargestellt.

Ganesha wird für seine Weisheit, seinen Intellekt und seine Fähigkeit, Herausforderungen zu meistern, verehrt. Er wird verehrt, bevor man sich auf ein neues Vorhaben einlässt oder in verschiedenen Bereichen des Lebens Erfolg haben möchte.

Ganesha genießt im Hinduismus hohes Ansehen und wird während des Festes Ganesh Chaturthi gefeiert, bei dem seine Idole kunstvoll geschmückt und von den Anhängern verehrt werden.

Hanuman

Hanuman ist eine geliebte Gottheit, die für ihre unerschütterliche Hingabe und unvergleichliche Stärke bekannt ist. Er wird mit dem Gesicht eines Affen und einem muskulösen Körper dargestellt, oft in einem rötlichen Farbton.

Hanuman wird als der Inbegriff von Loyalität, Mut und Selbstlosigkeit verehrt. Er spielte eine entscheidende Rolle im Epos Ramayana, wo er Lord Rama bei der Rettung seiner Frau Sita vor dem Dämonenkönig Ravana half.

Hanuman besitzt außergewöhnliche Kräfte und gilt als Schutzgottheit von Ringern, Athleten und allen, die Kraft und Schutz vor Hindernissen suchen.

Er wird mit großer Ehrfurcht und Hingabe verehrt, vor allem dienstags, und sein beliebter Gesang "Jai Hanuman" wird von seinen Anhängern rezitiert, um seinen Segen und seine Führung zu erbitten.

Krishna

Krishna ist eine wichtige Gottheit, die wegen ihrer göttlichen Schönheit, ihres Charmes und ihrer Rolle als achter Avatar von Lord Vishnu. Er wird als blauhäutige Gestalt mit einem lächelnden Gesicht dargestellt und geschmückt mit Pfauenfedern im Haar.

Krishna wird gewöhnlich mit einer Flöte dargestellt, die seine Liebe zur Musik und seine Fähigkeit, andere zu verzaubern, symbolisiert.
Er ist bekannt für seine schelmischen Kinderstreiche und seine Lehren im Mahabharata-Epos, wo er seinem Schüler Arjuna in Form der Bhagavad Gita tiefe Weisheit und Einsicht vermittelt.

Krishna wird als das Höchste Wesen verehrt, der Bringer von Liebe, Freude und Glück, und wird weithin verehrt für seine göttliche Verspieltheit, sein Mitgefühl und Anleitung zu einem rechtschaffenen Leben. Seine Verehrer feiern Feste wie Janmashtami und Holi mit großer Begeisterung und Hingabe.

Kurma

Als zweiter Avatar von Lord Vishnu nimmt Kurma die Gestalt einer riesigen Schildkröte an, um das Gewicht des Berges Mandara zu tragen, während die Götter und Dämonen den Ozean aufwirbeln.

Dieses epische Ereignis, das als Samudra Manthan bekannt ist, zielt darauf ab, das Elixier der Unsterblichkeit zu erlangen und symbolisiert Stabilität und Ausdauer, Als Symbol für Stabilität und Ausdauer dient Kurma als Grundlage für die Erschaffung des Universums und steht für die Bedeutung von Gleichgewicht und Geduld im Leben.

Kurma wird oft als majestätische Schildkröte mit einer göttlichen Aura dargestellt und wird für seine Rolle bei der Gestaltung der Welt und der Aufrechterhaltung der kosmischen Ordnung verehrt.

Lakshmi

Lakshmi, die hinduistische Göttin des Reichtums, des Wohlstands und des Glücks, ist eine der am meisten verehrten und angebeteten Gottheiten der indischen Mythologie.

Lakshmi, die als Gemahlin von Lord Vishnu gilt, wird als schöne und glücksverheißende Göttin mit vier Armen dargestellt, die oft Lotusblumen und andere Symbole des Überflusses halten. Sie wird mit der Vorstellung von materiellem und spirituellem Reichtum sowie von Fruchtbarkeit und Glück in Verbindung gebracht.

Die Gläubigen suchen ihren Segen, um finanziellen Wohlstand, Erfolg und allgemeines Wohlergehen in ihrem Leben zu erlangen.

Lakshmi wird während des Diwali-Festes gefeiert, bei dem ihre Anwesenheit Freude und Wohlstand in Haushalte und Unternehmen bringen soll. Als eine Gottheit, die für Überfluss steht, verkörpert Lakshmi die Ideale von Wohlstand, Großzügigkeit und spirituellem Wachstum.

Kali

Kali ist eine furchterregende und mächtige Göttin in der hinduistischen Mythologie. Sie wird oft als dunkelhäutige Gestalt mit wildem Haar, herausragender Zunge und einer Girlande aus menschlichen Köpfen dargestellt.

Kali ist die Verkörperung von Freiheit, Zerstörung und Zeit, sie ist die Zerstörerin böser Kräfte und wird oft mit Tod und Transformation in Verbindung gebracht.

Trotz ihres furchterregenden Aussehens steht Kali auch für mütterliche Liebe und Schutz, vor allem gegenüber ihren Anhängern, und wird für das spirituelle Erwachen verehrt.

Kali wird oft in Krisenzeiten angerufen oder wenn es darum geht, Hindernisse zu überwinden, da man glaubt, dass ihre Energie heftig und transformativ ist. Sie ist eine komplexe und vielschichtige Gottheit, die sowohl die zerstörerischen als auch die nährenden Aspekte des göttlichen Weiblichen verkörpert.

Narasimha

Narasimha ist eine prominente Gottheit in der Hindu-Mythologie, die eine Kombination aus menschlicher und tierischer Gestalt ist.
In seiner Gestalt hat er den Kopf eines Löwen und den Körper eines Menschen.

Narasimha gilt als die vierte Inkarnation von Lord Vishnu und symbolisiert göttlichen Schutz und Gerechtigkeit. Er wird oft für seinen Mut und seine Fähigkeit, böse Kräfte zu vernichten, verehrt.

Narasimha ist für seine Grausamkeit bekannt, denn er besiegte den Dämonenkönig Hiranyakashipu, der Chaos verursachte und die Welt peinigte.

Die Gläubigen suchen seinen Segen, um Hindernisse und Ängste zu überwinden und göttlichen Schutz und Befreiung zu erfahren.

Narasimha wird während des Narasimha Jayanti-Festes verehrt, bei dem seine Anhänger Gebete sprechen und Rituale durchführen, um seine göttliche Gegenwart zu ehren.

Nataraja

Nataraja ist eine bedeutende Gottheit in der Hindu-Mythologie und repräsentiert Lord Shiva in seiner kosmischen Tanzform.

Auf einem Bein balancierend, führt Nataraja den Tandava auf, einen kraftvollen und dynamischen Tanz, der den kontinuierlichen Kreislauf von Schöpfung, Erhaltung und Zerstörung im Universum symbolisiert.

Es wird angenommen, dass Natarajas Tanz die kosmische Ordnung und den Rhythmus des Lebens aufrechterhält.

In der oberen rechten Hand hält Nataraja eine Trommel, die den Klang der Schöpfung symbolisiert, während die obere linke Hand eine Flamme hält, die die Zerstörung darstellt.

Nataraja wird auch mit einem erhobenen Fuß dargestellt, der triumphierend Unwissenheit und Illusion zertrümmert.

Devotees verehren Nataraja oft, um Inspiration, spirituelle Erleuchtung und Transformation durch die Symbolik seines göttlichen Tanzes zu erlangen.

Rama

Rama ist eine verehrte Gottheit, die als der siebte
Avatar von Lord Vishnu anerkannt ist.
Er wird als idealer König, hingebungsvoller Ehemann
und pflichtbewusster Sohn dargestellt.

Rama ist bekannt für seine unerschütterlichen
moralischen Werte, seine Rechtschaffenheit und
sein Engagement für die Aufrechterhaltung des Dharma
(Rechtschaffenheit).
Er wird oft mit Pfeil und Bogen dargestellt,
um seine Fähigkeiten als Krieger zu symbolisieren.

Ramas epische Reise, wie sie in der Hindu-Schrift
Ramayana beschrieben wird, ist eine Geschichte des
Triumphs über das Unglück und des endgültigen
Sieges des Guten über das Böse.

Seine Verbannung, die Rettung seiner Frau
Sita vor dem Dämon Ayodhya als rechtmäßiger
Herrscher sind wichtige Kapitel seines Lebens.

Rama bleibt eine Verkörperung von Mut, Ehre und
Tugend, und die Gläubigen verehren ihn als Inkarnation
des göttlichen Bewusstseins und als
Quelle der Inspiration für ein rechtschaffenes Leben.

Saraswati

Saraswati ist eine verehrte Göttin in der hinduistischen Mythologie, die als Verkörperung von Wissen, Weisheit, Kreativität und Kunst gilt. Sie wird oft als schöne und heitere Gottheit dargestellt, die in Weiß gekleidet ist und Reinheit und Erleuchtung symbolisiert.

Saraswati wird beim Spielen der Vena dargestellt, einem Saiteninstrument, das die harmonische Verbindung von Kunst und Intellekt symbolisiert. Man sieht sie auch mit einem Buch in der Hand, das die Vedas, die alten Schriften des Wissens, darstellt.

Saraswati wird von Studenten, Gelehrten und Künstlern verehrt, die ihren Segen für Weisheit und Inspiration suchen.
Als Göttin des Lernens soll sie diejenigen leiten und erleuchten, die sich dem Streben nach Wissen, Bildung und Kunst widmen.

Shakti

Shakti ist eine mächtige und göttliche Kraft,
die oft als Energie oder weiblicher Aspekt des
Höchsten Wesens Brahman personifiziert wird.
Auch als Devi oder die Große Göttin bekannt,
ist Shakti die schöpferische und nährende Essenz,
die das Universum durchdringt.

Sie wird in verschiedenen Formen und
Manifestationen dargestellt, wie Durga, Kali, Lakshmi
und Saraswati, die jeweils unterschiedliche Aspekte
ihrer Macht repräsentieren.
Shakti ist sowohl sanft als auch heftig und verkörpert
die Qualitäten von Mitgefühl, Stärke und Schutz.

Sie wird von Anhängern verehrt, die Ermächtigung,
Transformation und Befreiung suchen.
Shakti wird als Quelle aller Energie,
als treibende Kraft hinter der Schöpfung und als
Katalysator für spirituelles Erwachen verehrt.

Ihre Anwesenheit und ihr Segen werden in Ritualen,
Zeremonien und Gebeten angerufen,
die darauf abzielen, sich ihre transformative
Kraft zunutze zu machen und sich mit der universellen
Energie in Einklang zu bringen.

Shiva

Shiva ist eine der mächtigsten und bedeutendsten Gottheiten der hinduistischen Mythologie. Oft als Zerstörer oder Transformator bezeichnet, ist Shiva zusammen mit Brahma und Vishnu Teil der heiligen Dreifaltigkeit der Hindu-Götter. Er wird als das höchste Wesen verehrt, das sowohl die männlichen als auch die weiblichen Eigenschaften der Schöpfung und der Zerstörung verkörpert.

Shiva wird als Yogi dargestellt, gewöhnlich in tiefer Meditation oder in seiner wilden Form, die als Nataraja, der Herr des Tanzes, bekannt ist.
Er ist mit einer Mondsichel auf dem Kopf geschmückt, die den Zyklus der Zeit symbolisiert, und trägt eine Schlange um den Hals, die seine Kontrolle über Ego und Verlangen darstellt.

Shiva wird mit dem Berg Kailash in Verbindung gebracht, wo er mit seiner Gefährtin, der Göttin Parvati, residieren soll. Die Anhänger Shivas suchen seinen Segen für spirituelles Erwachen, Befreiung und Schutz.

Er ist bekannt für seine tiefe Weisheit, seine Losgelöstheit von weltlichen Bindungen und seine Rolle als Führer für Suchende auf dem Weg zur spirituellen Erleuchtung.

www.ingramcontent.com/pod-product-compliance
Lightning Source LLC
Chambersburg PA
CBHW040059160426
43192CB00003B/114